VENTE DES JEUDI 21 ET VENDREDI 22 MAI 1891

GALERIE DURAND-RUEL

11, rue Le Peletier, 11

BEAUX MEUBLES

ET

BRONZES D'AMEUBLEMENT

DU XVIIIᵉ SIÈCLE

TAPISSERIES — ÉTOFFES

APPARTENANT POUR LA MAJEURE PARTIE

à M. O*** et à M. le Vicomte de B***

EXPOSITIONS

PARTICULIÈRE : *Le Mardi 19 Mai 1891*
PUBLIQUE : *Le Mercredi 20 Mai 1891*
DE 1 HEURE 1/2 A 5 HEURES 1/2

Mᵉ PAUL CHEVALLIER	**M. CHARLES MANNHEIM**
COMMISSAIRE-PRISEUR	EXPERT
10, rue de la Grange-Batelière, 10	7, rue Saint-Georges, 7

CATALOGUE

DE

BEAUX MEUBLES

ET

Bronzes d'ameublement

DU XVIIIᵉ SIÈCLE

Porcelaines de Chine, du Japon, de Sèvres, de Saxe

Pièces montées en bronze

Faïences italiennes et hollandaises, Objets de Vitrine, Bronzes d'art, Marbres

MEUBLES EN BOIS SCULPTÉ, BELLES CONSOLES

Meubles plaqués et marquetés

NOMBREUX SIÈGES

TAPISSERIES D'AUBUSSON LOUIS XV

BRODERIES ET SOIERIES ANCIENNES

Appartenant pour la majeure partie

A M. O*** ET A M. LE VICOMTE DE B***

ET DONT LA VENTE AURA LIEU

GALERIE DURAND-RUEL

11, rue Le Peletier, 11

Les Jeudi 21 et Vendredi 22 Mai 1891

A DEUX HEURES

Mᵉ PAUL CHEVALLIER	**M. CHARLES MANNHEIM**
COMMISSAIRE-PRISEUR	EXPERT
10, rue de la Grange-Batelière, 10	7, rue Saint-Georges, 7

EXPOSITIONS

PARTICULIÈRE : *Le Mardi 19 Mai 1891, de 1 h. 1/2 à 5 h. 1/2*

PUBLIQUE : *Le Mercredi 20 Mai 1891, de 1 h. 1/2 à 5 h. 1/2*

CONDITIONS DE LA VENTE

Elle sera faite au comptant.

Les acquéreurs payeront *cinq pour cent* en sus des adjudications, applicables aux frais de la vente.

L'exposition mettant les acquéreurs à même de se rendre compte des objets vendus, aucune réclamation ne sera admise une fois l'adjudication prononcée

Paris. — Imprimerie de l'Art, E. Ménard et Cⁱᵉ, 41, rue de la Victoire.

DÉSIGNATION DES OBJETS

PORCELAINES DE CHINE ET DU JAPON
PIÈCES MONTÉES

1 — **Deux belles aiguières** formées chacune d'un vase en ancien céladon gris de la Chine, à décor de fleurs arabesques gaufrées sous la couverte, et d'une remarquable monture de bronze ciselé et doré du temps de Louis XVI : orifice à coquille, masque de faune, sous le déversoir; anse droite et surélevée se terminant en volutes, guirlande de laurier retombant sur la panse, culot et piédouche de feuilles.

Haut., 35 cent.

2 — **Deux vases** piriformes et à cols évasés, en vieux céladon craquelé de la Chine, avec anses et ceintures de grecques en relief, émaillées brun. Ils sont enrichis d'une collerette et d'un socle à rocailles et feuilles, en bronze ciselé et doré.

Haut., 50 cent.

3 — **Deux grandes potiches** couvertes d'ancienne porcelaine du Japon, à décor bleu, rouge et or, composé de réserves lobées contenant des oiseaux et des arbustes,

sur fond chargé de rinceaux bleus et de fleurs. Les couvercles sont surmontés de figurines de femmes.

Haut., 91 cent.

4 — **Deux grands cornets** d'ancienne porcelaine du Japon, à décor bleu, rouge et or, consistant en des médaillons lobés, paysages, séparés par des arbustes fleuris. Monture en bronze doré.

Haut., 68 cent.

5 — **Garniture de trois pièces** : bouteilles à corps sphériques et longs cols annelés, de vieux Chine, fond bleu poudré, avec réserves alternativement circulaires et carrées, contenant des fleurs, des oiseaux et des objets mobiliers peints en bleu sur émail blanc. Ces trois vases sont garnis de montures en bronze de style rocaille.

Haut., 37 cent.

6 — **Deux grands et beaux vases**, côtelés, en forme de balustre, en ancienne porcelaine de Chine, décorés, en émaux de la famille verte, de réserves à paysages, chimères, fleurs et attributs, sur fond vert pointillé noir. Monture en bronze de style chinois.
Pièces de belle qualité.

Haut., 70 cent.

7 — **Grand et beau vase** balustre, d'ancienne porcelaine de Chine, décoré, en émaux de la famille verte, de réserves, variées de formes, contenant des vases, des objets mobiliers, des rochers et des plantes en fleurs,

sur fond vert pointillé noir. Socle hexagone en bois de
fer.

Hauteur totale, 82 cent.

8 — **Deux jardinières** quadrilatérales, vieux Chine, famille
verte, à décor de vases et d'objets mobiliers. Monture
en bronze noir, de style chinois.

9-10 — **Deux grands plats** ronds d'ancienne porcelaine du
Japon, à décor de fleurs et d'oiseaux, avec bordure
lambrequinée, en bleu, rouge et or, avec filets d'émail
noir.

Diam., 52 cent.

11-12 — **Deux plats** d'ancienne porcelaine de Chine, décorés en émaux de la famille rose, au fond, de pivoines
et d'oiseaux; au marli, d'une jolie bande à mosaïques
variées, grecques et fleurs.

Diam., 38 cent.

13 — **Compotier** en ancienne porcelaine mince de la
Chine, dite coquille d'œuf, à décor de canards manda-
rins en émaux de couleurs avec multiples bordures à
dessin de mosaïques. Revers émaillé rouge d'or.

14 — **Compotier** de même porcelaine offrant au fond une
divinité assise sur un buffle. Revers rouge d'or.

15 — **Compotier** de même porcelaine, à décor en émaux de
couleurs : scène familière.

16 — **Assiette** en vieux Chine, coquille d'œufs, décorée en
émaux de couleurs d'un oiseau perché sur un arbuste
fleuri.

PORCELAINES DE SAXE

17 -- **Figurine de bergère** debout, un mouton à ses pieds, en ancienne porcelaine de Saxe, à riche décor en couleurs avec rehauts d'or.

Haut., 26 cent.

18 — **Candélabre** de vieux Saxe, à figurine de Minerve, au milieu de cinq branches porte-lumières, garnies de fleurettes et surmontées de douilles en bronze.

Haut., 36 cent.

19 — **Deux cornets** d'ancienne porcelaine de Saxe, à décor polychrome de buissons de fleurs, d'oiseaux et de papillons. Collerette et socle-trépied en bronze doré.

Haut., 50 cent.

20 — **Service à thé** en Saxe Marcolini, à bouquets de fleurs en couleurs et bordure de dentelles d'or : six grandes pièces, douze tasses et soucoupes.

21 — **Plateau** triangulaire à bords gaufrés en vannerie, à décor de bouquets. Saxe Marcolini.

PORCELAINES FRANÇAISES

22 — **Petite tasse** à deux anses et couvercle en vieux Sèvres, pâte tendre, fond gros bleu et réserves contenant des oiseaux, bordées de rinceaux en dorure. Monture en bronze, style rocaille.

23 — **Petite tasse** droite et sa soucoupe d'ancienne porcelaine de Sèvres, pâte tendre, fond gros bleu semé de points d'émail rubis sertis d'or ; au bord, un cordon de points d'émail blanc ; dents de loup dorées ; les ors par Le Gay.

24 — **Quatre tasses** droites et leurs soucoupes en porcelaine de Sèvres, pâte tendre, du temps de la République ; fond bleu turquoise, avec bandes à festons de roses sur fond jaune.

25 — **Deux tasses** droites, Sèvres, pâte dure ; l'une, décorée d'un médaillon polychrome : buste de jeune fille, et de festons en dorure ; l'autre, au chiffre de Louis-Philippe.

26 — **Garniture de trois petites pièces**, pot-pourri à couvercle et deux vases tulipes en porcelaine de Sèvres, pâte tendre, surdécorés d'amours peints en camaïeu rose, de guirlandes et de fleurettes jetées, en couleurs avec encadrements de galons bleu et or. Socles carrés en bronze ciselé et doré.

Haut., 24 et 22 cent.

27 — **Sucrier** ovale et couvert en porcelaine de Sèvres, pâte tendre, à médaillons d'oiseaux en réserve sur fond rose surdécoré, avec dentelle d'or en bordure.

28 — **Deux jardinières** cylindriques avec anses figurées par des dragons en ancienne porcelaine de Chantilly, pâte tendre, à décor polychrome de fleurs et de palissades.

Haut., 15 cent.

29 — **Tasse et sa soucoupe** lobée en vieux Sèvres, pâte tendre, à décor polychrome de bouquets en des compartiments obliques entourés de hachures d'or; un papillon forme l'anse de la tasse.

30 — **Trois assiettes** en ancienne porcelaine, pâte tendre, de Tournay, gaufrée en vannerie et à décor de tulipes, d'œillets et de fleurettes polychromes.

31 — **Tasse à bouillon** avec couvercle et plateau octogone, en vieux Tournay, à décor de bouquets polychromes.

FAIENCES

32 — **Urbino.** Temple formant écritoire dans sa partie supérieure et recouvert d'une coupole. Il est de forme octogone et ses faces sont ornées alternativement de figures peintes et de figures haut-relief, abritées sous des niches. Des colonnes détachées, mais adhérentes par leurs embases et leurs chapiteaux, ornent ses angles. L'attique est décoré d'une frise d'arabesques peintes en blanc sur fond noir; sur la corniche sont assis quatre petits génies, ronde bosse, jouant de la flûte. Tout l'édifice est décoré d'arabesques, grotesques et autres ornements polychromes.

Pièce importante et d'un bel effet de la fabrique d'Urbino, à la fin du XVI° siècle, par *A. Patanazzi.*

Haut., 58 cent.

33 — **Deruta.** Plat creux à décor polychrome, représentant

au fond une figure de sainte, et, au marli des compartiments radiés et ornés d'imbrications et de rinceaux.

Diam., 39 cent.

34 — **Castelli**. Plateau de coupe à décor polychrome repré-
sentant l'Aurore précédant le char d'Apollon.
Pièce remarquable attribuée à C. Antonio Grue.
Cadre d'ébène, orné d'appliques de cuivre.

Diam., 29 cent.

35 — **Castelli**. Grand plat à décor polychrome représentant
le Jugement de Pâris, d'après Raphael; le marli est
orné de rinceaux fleuris où se jouent des amours.
Cadre noir et or.

Diam., 48 cent.

36 — **Delft**. Statuette polychrome de femme assise tenant
un bouquet de fleurs et vêtue d'un costume à ramages
de l'époque Louis XV.
Socle à gorge et feuilles en relief.

Haut., 45 cent.

37 — **Delft**. Deux beaux beurriers de forme ovale et à couvercles surmontés d'un chien; décor très soigné consistant en groupes de figures peintes en camaïeu bleu
et séparés par des motifs d'ornements polychromes. A
l'intérieur, la date *1755*.

Diam., 12 cent.

38 — **Delft**. Plaque contournée peinte en camaïeu bleu et
à décor représentant un groupe de personnages en
costume du xviiie siècle; moulure saillante ornée de
rinceaux et formant encadrement.

Haut., 35 cent.; larg., 28 cent.

39 — **Bruxelles**. Terrine en forme de coq émaillé au naturel.

Marquée des initiales C. P. surmontées d'une couronne et accompagnées des lettres B. E.

Haut., 41 cent.

40 — **Alcora**. Jolie fontaine de forme contournée à décor polychrome représentant des vues de villes, des plantes fleuries, etc. Sur les côtés et à l'orifice sont placés des masques chimériques en haut-relief émaillés jaune.

Haut., 52 cent.

41 — **Rouen**. Assiette à bord festonné, décorée au fond d'une grosse tulipe et sur le marli de rinceaux émaillés carmin.

Atelier de Le Vavasseur.

Diam., 25 cent.

OBJETS DE VITRINE

42 — **Petit éventail** du xviiie siècle, en ivoire, décoré au vernis dit de Martin d'une scène galante en camaïeu bleu ; le revers représente un paysage.

43 — **Petit éventail** du xviiie siècle, en ivoire, décoré au vernis dit de Martin ; sur une face, un triomphateur ; sur l'autre, une scène de patinage.

44 — **Petit éventail** de même époque : Scène de fiançailles et motifs d'encadrement dans le goût oriental. Au revers, un paysage en camaïeu rose.

45 — **Petit éventail** en ivoire ajouré offrant au centre un médaillon peint en couleurs : Renaud et Armide. xviiie siècle.

46 — **Petit éventail** en ivoire décoré d'une scène enfantine : la Partie de raquette ; au revers, un paysage. xviiie siècle.

47 — **Petit éventail** en ivoire décoré au vernis dit de Martin : figures, port de mer, montagne. Au revers, un paysage. Époque Louis XV.

48 — **Éventail de mariée** à monture d'ivoire ajourée et enrichie de rehauts d'argent ; feuille peinte à la gouache représentant trois scènes galantes encadrées de paillettes sur fond de soie blanche. Époque Louis XVI.

49 — **Éventail** à monture d'ivoire rehaussée de paillettes de couleurs ; feuille en soie peinte, offrant trois jolis médaillons : le Message d'amour et deux petits Cupidons dans les nues, en des encadrements de fleurs et de paillettes. Époque Louis XV.

50 — **Petite montre** sphérique en or émaillé en plein, à décor d'oiseaux, de corbeilles et de fleurs en émaux de couleurs sur fond gros bleu. Époque Louis XV.

51 — **Miniature** ronde sur ivoire : l'Enlèvement d'Europe, gracieuse composition comprenant sept figures, fixée sur le couvercle d'une boîte ronde.

52 — **Couteau Louis XV**, à manche de nacre, en forme de jambe avec soulier et jarretières en or. Écrin en galuchat.

OBJETS VARIÉS

53 — École française, époque Louis XV. Portrait de femme.
Représentée en Cérès presque de face, grandeur nature, assise dans la campagne, vêtue d'une robe de satin gris et d'un manteau ponceau doublé de jaune, elle tient une faucille et une gerbe de blé.

Ce charmant portrait qui rappelle la manière de Largillière est placé dans un beau cadre du temps, en bois sculpté et doré, d'une riche ornementation avec un grand cartouche en manière de couronnement.

Hauteur du cadre, 2 mètres ; larg., 1 m. 45 cent.

54 — De Troy. Joseph et la femme de Putiphar.

Toile. Haut., 80 cent.; larg., 65 cent.

55 — Panneau décoratif en hauteur du temps de Louis XVI. Figures mythologiques et motifs d'encadrement bleu et or ; il est encadré d'un tore de laurier en bois sculpté.

Haut., 2 m. 83 cent.; larg., 78 cent.

56 — Deux trumeaux à encadrements de rinceaux et de guirlandes sculptés et dorés contenant des peintures ; paysages et figures. xviiie siècle.

Haut., 1 m. 55 cent.; larg., 1 m. 10 cent.

57 — Quatre petits vitraux allemands en hauteur : homme d'armes, porte-drapeaux, blasons et petites compositions allégoriques ; l'un porte la date 1592 ; un autre celle de 1634.

Haut., 33 et 35 cent.

58 — **Grand vidrecome** cylindrique et couvert en verre de Bohême, décoré en émaux de couleurs de figures de princes allemands et d'inscriptions.

Haut., 40 cent.

59 — **Mousquet à mèche**, fort canon à pans et fût à crosse arrondie en bois décoré d'incrustations d'ivoire, animaux et arabesques. XVIIe siècle.

60 — **Arquebuse** à rouet et crosse en pied de biche couverte d'incrustations d'ivoire et de nacre; canon, platine et chien gravés. XVIIe siècle.

61 — **Arme d'hast** à double fer en forme de croissant, surmontée d'une pique, et enrichie de damasquine. Travail oriental.

62 — **Cabinet en ivoire** sculpté à riche décor de fleurs arabesques en relief à l'intérieur et à l'extérieur; ce petit meuble ferme à deux vantaux; l'intérieur est garni de nombreux tiroirs. Beau travail indien.

Haut., 40 cent.; long., 50 cent.

63 — **Beau cabinet japonais** à nombreux tiroirs et casiers en ivoire et écaille laqués d'or, en relief; le décor représente des fleurs, des plantes, des paons, et autres oiseaux. Ce meuble, très compliqué, se compose d'un socle à tiroirs et porte à coulisses, d'un corps supérieur contenant lui-même un socle sur lequel sont posés deux petits cabinets semblables et en renfermant eux-mêmes plusieurs autres.

Haut., 60 cent.; larg., 50 cent.

64 — **Jardinière** ronde et surbaissée, à deux anses et trois pieds, en émail cloisonné de la Chine, à décor de fleurs arabesques sur fond bleu.

65 — **Grande jardinière** ovale en cuivre repoussé à godrons en creux et en relief, élevée sur pieds à griffes.

66 — **Deux verrières** en tôle laquée dans le goût chinois. Époque Louis XV.

Larg., 33 cent.

BRONZES, MARBRES

67 — **Groupe** en bronze à patine brune : Tarquin et Lucrèce, du xviᵉ siècle.

Haut., 40 cent.

68 — **Statuette de Bacchante** couchée, tenant une grappe de raisin; bronze à patine médaille, dans la manière de Clodion. Socle rectangulaire, à canaux, boucles et feuilles en bronze ciselé et doré.

Haut., 47 cent.; long., 56 cent.

69 — **Statuette d'Enfant Bacchus** jouant de la flûte, en bronze à patine médaille, reposant sur un piédestal quadrilatéral en marbre jaune de Sienne, garni d'une moulure à feuilles d'eau en bronze.

Haut., 39 cent.

70-71 — **Deux statuettes** : la Vénus de Milo et la Vénus pudique, en bronze, de chez Barbedienne.

Haut., 65 cent.

72 — **Quatre flambeaux** d'autel, formés chacun d'une statuette d'ange debout, les bras surélevés, **ayant une coquille au-dessus de la tête.** xviie siècle.

73 — **Marbre blanc**. Statuette d'Enfant couché et endormi. Travail italien du xviiie siècle.

Long., 35 cent.

74 — **Marbre blanc**. Statue grandeur deux tiers nature, signée : *Faure de Brousse*, et représentant Pic de la Mirandole jeune.

75 — **Marbre blanc**. Buste de femme grandeur nature, signé : *Faure de Brousse*. Elle porte un costume à collerette, et sa tête est surmontée d'une couronne princière.

PENDULES & BRONZES D'AMEUBLEMENT

76 — **Grande et belle pendule** de la fin du xviiie siècle, en marbre vert de mer, figurant l'autel de l'Amour enrichi de sphinx, de têtes de béliers, de palmettes, d'enroulements et de bas-reliefs à figures mythologiques en bronze doré. A gauche de l'autel, se dresse une gracieuse statue de Cupidon présentant la pointe d'une flèche à la flamme de sa torche, en bronze muni d'une patine brune. Socle rectangulaire en marbre vert, décoré d'un bas-relief : Lion dompté par l'Amour, et de délicates appliques en bronze doré. Le cadran porte le nom de *Manière, à Paris*.

Haut., 85 cent.; l arg., 55 cent.

77 — Deux très beaux candélabres, allant avec la pendule qui précède; formés chacun d'une statuette de jeune fille vêtue à l'antique, en bronze à patine foncée, enguirlandant un candélabre de bronze doré à six branches porte-lumières et tige cannelée élevée sur un trépied à têtes de béliers et sphinx. Socles en marbre vert de mer, avec corniche, bases, médaillons et guirlandes de bronze doré.

Haut., 1 m. 8 cent.

78 — Horloge à gaine contournée, dite régulateur, en marqueterie de cuivre sur écaille, enrichie de cuivres dorés, mascaron, emblèmes, rinceaux, feuillages, chutes, écoinçons. Époque de la Régence.

Haut., 2 m. 12 cent.

79-80 — Quatre appliques Louis XVI, en bronze doré, formées chacune de deux cors de chasse retournés et liés, avec un rameau de chêne en entredeux, sur un ruban double dont le haut forme un nœud à quatre boucles et dont l'extrémité inférieure se termine par des glands.

Haut., 64 cent.

81 — Grand et beau cartel de l'époque Louis XV, en bronze ciselé et doré, d'un modèle des plus gracieux, composé de rinceaux, de feuilles et de branches de chêne; il est surmonté d'une figurine d'Amour assis, jouant de la flute, et se termine en bas par une sorte de culot garni de touffes de roseaux. Cadran au nom de *J. Baptiste Baillon*.

Haut., 76 cent.

82 — Deux grandes et belles appliques en bronze doré du temps de Louis XV, à deux lumières chacune, d'un dessin mouvementé. Elles sont composées de rinceaux ondulants et de touffes de feuilles.

Haut., 57 cent.

83 — Deux belles appliques du temps de la Régence, chacune à deux lumières, sur des branches contournées faites de rocailles et de feuilles.

Haut., 48 cent.

84 — Cartel du temps de Louis XVI, en bronze doré, modèle à gaines latérales surmonté d'un vase à têtes de béliers, d'où retombent symétriquement sur les côtés de longues guirlandes de laurier. Le cadran porte le nom : *Leroy, à Paris*.

Haut. 70 cent.

85 — Deux appliques du temps de Louis XVI, en bronze ciselé et doré, modèle à deux branches porte-lumières, feuillagées et accotant une gaine cannelée qui supporte un brûle-parfums enguirlandé.

Haut , 57 cent.

86 — Grand et beau cartel de bronze ciselé et doré de l'époque Louis XV, de forme gracieuse et à décor de forts rinceaux, de feuilles dentelées et de bourgeons. Le cadran porte le nom : *Moisy, à Paris*.

Haut., 78 cent.

87 — Deux belles appliques à deux branches chacune, en bronze ciselé et doré, de l'époque Louis XV, d'un élégant modèle à rinceaux et feuillages mouvementés.

Haut., 56 cent.

2

88 — **Cartel** de l'époque Louis XV, en bronze ciselé et doré, composé de rinceaux contournés, de feuilles et de branches de fleurs. Cadran au nom de : *Gudin, à Paris.*

Haut., 50 cent.

89 — **Pendule** de l'époque Louis XVI, en bronze doré, sur-montée d'une massue, d'une trompette et de branches de laurier et supportée par un lion couché. Une figure allégorique, femme vêtue à l'antique, soutient de la main gauche la bélière de la lunette; elle est assise sur un socle oblong de marbre blanc, garni d'appliques de bronze doré. Le cadran, en émail, porte le nom de : *Cronier, à Paris.*

Haut., 35 cent.; larg., 35 cent.

90 — **Deux candélabres** de l'époque Louis XVI, composés chacun de trois branches à enroulements, têtes d'aigles, feuilles et graines, surmontées d'une cassolette en bronze doré et supportées par une statuette de femme vêtue à l'antique en bronze patiné vert; socle rond en mar-bre griotte, décoré d'un bas-relief de style antique en bronze doré, de moulures, de perles et de feuilles.

Haut., 93 cent.

91 — **Pendule** du temps de Louis XVI, en bronze doré, à figure allégorique : l'Astronomie. Contre-socle en marbre noir.

Haut., 40 cent.; larg., 40 cent.

92 — **Deux candélabres** Louis XVI, chacun à deux lumières, de bronze doré, s'échappant de petits vases supportés

par des figurines d'enfants bacchants en bronze patiné.
Socles en marbre blanc sur plinthes en bronze doré.

Haut., 61 cent.

93 — **Pendule** de l'époque de Louis XVI, en marbre blanc
et bronze doré. Elle est surmontée d'une figurine d'enfant satyre à califourchon sur une chèvre et accostée
de deux statuettes de bacchantes soutenant des guirlandes de pampre.

Haut., 42 cent.; larg., 35 cent.

94 — **Deux petits candélabres** du temps de Louis XVI, formés chacun d'une figurine d'amour en bronze vert,
ayant dans chaque main une torche en bronze doré.
Ces statuettes sont élevées sur des piédestaux cylindriques de marbre griotte avec plinthes de bronze doré
supportées par des tortues.

Haut., 44 cent.

95 — **Pendule** de bronze ciselé et doré, en forme de vase
à cadrans tournants, sous un dôme ajouré, surmonté
d'une graine; ce vase est supporté par deux cygnes
de bronze argenté, reliés par des guirlandes de roses.
Piédestal circulaire de marbre griotte, décoré au pourtour d'un bas-relief de bronze doré, représentant une
danse de nymphes. Époque Louis XVI.

Haut., 53 cent.

96 — **Pendule** en marqueterie de cuivre et d'écaille, style
Louis XIV, garnie de bronzes dorés; elle est surmontée
du soleil, et repose sur quatre sphinx couchés sur un
socle à tablier.

Haut., 65 cent.

97 — **Socle-console** Louis XIV en marqueterie de cuivre et d'écaille, garni de bronzes.

Haut., 31 cent.

98 — **Pendule-borne** en marbre griotte et bronze ciselé et doré, du temps de la Restauration ; la face simule une arcade sous laquelle se voit un bas-relief - applique, représentant un jeune homme et une jeune fille costumés à l'antique. Le cadran porte le nom : *Auguste Marchand, rue Richelieu, 54.*

Haut., 47 cent.; larg., 25 cent.

99 — **Pendule** du temps de Louis XVI, en marbre blanc, avec trois figurines en bronze doré mat : Jeune Fille et deux Amours. Socle à bas-relief, rosaces et pieds toupies ; contre-socle à rosaces.

Haut., 36 cent.; larg., 30 cent.

100 — **Petite pendule** Louis XVI, à cadrans tournants, en forme de temple circulaire en marbre blanc, marbre bleu turquin et bronze doré, avec figurine de fillette en biscuit, debout, au centre du socle.

Haut., 42 cent.

101 — **Belle garniture de cheminée** : pendule et candélabres en bronze doré et bronze patiné, de style Louis XVI, sortant de chez *Miallet*. Un amour indique l'heure au cadran de la pendule et soulève la draperie qui la recouvrait. Chaque candélabre est formé d'une statuette d'enfant supportant un bouquet de lis. Socles en marbre griotte.

102 — **Deux girandoles** à cinq branches chacune, style

Louis XVI, en bronze doré, enrichies de festons de
perles et de pendeloques en cristal de roche.

Haut., 58 cent.

103 — **Grande pendule et sa console-applique,** en marqueterie de cuivre sur écaille, richement garnie de bronzes
dorés, cariatides, sirènes, dais, vases, moulures, etc.,
de style Louis XIV ; elle est surmontée d'une statuette
du Temps.

Haut., 1 m. 60 cent.

104 — **Deux candélabres,** bouquets de lis s'échappant de
vases ovoïdes en marbre blanc, enrichis de figures de
sirènes et de guirlandes en bronze doré. Style
Louis XVI.

105 — **Chenets** en bronze doré, Louis XV : personnages de
la comédie italienne, en regard, assis sur des bases
composées chacune de touffes de feuillages, d'où
émerge une tête de chien.

Haut., 30 cent.; larg., 30 cent.

106 — **Chenets** Louis XV, à figurines d'enfants assis en
regard, sur des socles formés de forts rinceaux contournés, feuillus et garnis de graines.

Haut., 30 cent.; larg., 38 cent.

107 — **Deux petits chenets** Louis XVI en bronze doré :
vases à flammes, enguirlandés et supportés par des
piédestaux cannelés et flanqués de consoles.

Haut., 32 cent.

108 — Deux chenets en bronze, Louis XIV : sphinx en regard couchés sur des tables décorées d'un masque faunien et de festons de pampre.

Haut., 30 cent.; larg., 17 cent.

109 — Lanterne d'antichambre semi-ovoïde, en verre, garnie en haut d'une ceinture à têtes de béliers et terminée à sa partie inférieure par un culot à feuilles et graine en bronze doré, du temps de Louis XVI ; elle est garnie de cristaux en festons.

Hauteur, y compris le fumivore, 1 mètre.

110 — Pendule de voyage en bronze doré, à perles, couronne, branches de chêne, rosaces. Époque Louis XVI.

Haut., 20 cent.

111 — Deux petits flambeaux-cassolettes Louis XVI, en forme de brûle-parfums.

112 — Petit porte-montre du temps de Louis XV en bronze doré ; modèle à rinceaux, feuillages, guirlandes et dragon, couronné d'une auréole. Socle à griffes de lions.

Haut., 33 cent.

MEUBLES EN BOIS SCULPTÉ

113 — Grande et magnifique table-console, de forme rectangulaire, en bois de noyer sculpté du temps de la Régence. Elle repose sur quatre supports contournés, à **volutes**, acanthes et tabliers se terminant en pieds de biches et reliés par des traverses en croix, formées de forts rinceaux, avec, au centre, une plate-forme à lambrequins. Le bandeau est décoré de fleurettes inscrites en des rinceaux symétriques. Un grand cartouche à mascaron féminin marque le milieu de la façade et donne naissance à des rinceaux feuillus et symétriques, découpés à jour au-dessous du bandeau ; les faces latérales sont décorées d'attributs suspendus par des rubans.

Tablette en marbre rance, bordée d'un quart de rond.

Meuble de grande allure et d'un excellent goût d'ornementation.

Haut., 86 cent.; long., 2 mètres ; prof., 84 cent.

114 — **Console** de forme gracieuse et d'un galbe mouvementé, en bois sculpté et doré de l'époque Louis XV. L'ornementation consiste en rinceaux, feuillages, rocailles et branches de fleurs, avec parties ajourées. Les quatre pieds contournés sont reliés à leurs bases par de forts rinceaux supportant une colombe. Tablette de marbre vert campan zébré de bandes rouges ; elle est bordée d'un quart de rond.

Haut., 90 cent.; larg., 1 m. 62 cent.; prof., 72 cent.

115 — **Belle console** de l'époque Louis XV, en bois sculpté et doré, et d'un charmant modèle à ceinture composée d'entrelacs, de corbeilles et de guirlandes, découpés à jour, avec des têtes d'enfants souffleurs sur l'épaulement des deux pieds, contournés en S et exhaussés sur une traverse à volutes, feuilles et coquilles, surmontée, dans l'entrejambes, des emblèmes de l'Amour.

Tablette de marbre campan à bandes rouges, bordée de moulures.

Haut., 85 cent.; larg., 1 m. 5 cent.; prof., 42 cent.

116 — Console de l'époque Louis XV, en bois sculpté, peint blanc et doré, composée de rocailles, de canaux et de feuilles avec, au milieu de la face, une ouverture dans laquelle s'épanouit une forte coquille ; cette console porte sur un seul pied en gaine, orné d'une acanthe et terminée par une boule feuillue. Tablette en marbre brèche violette bordée de moulures et d'un quart de rond.

Haut., 94 cent.; larg., 92 cent.; prof., 51 cent.

117 — Console de l'époque Louis XV en bois sculpté et doré, de forme gracieuse, à mascaron sur la face, tête de femme coiffée d'une draperie, à motifs de godrons, de rocailles, de feuilles et de festons de fleurs ; elle est supportée par deux pieds convergeant vers la base et reliés par un motif de rocailles et de fleurs. Tablette en marbre rouge jaspé.

Haut., 76 cent.; long., 88 cent.; larg., 46 cent.

118 — Charmante console de l'époque Louis XV à côtés droits et face cintrée, en bois très délicatement sculpté à feuillages, perles et rinceaux fleuris. Elle est supportée par deux montants verticaux à grosses volutes, cannelures rudentées, perles, etc., se terminant en pieds de biches. Tous les ornements sont dorés et le fond est peint en bleu pâle. Tablette en marbre rouge royal. Très jolie pièce.

Haut., 92 cent.; larg., 83 cent.; prof., 46 cent.

119 — **Console** en bois sculpté et doré du temps de
Louis XVI, de forme rectangulaire et supportée par
deux pieds colonnettes cannelées, à tigettes et à chapiteaux ioniques. Le bandeau montre, sur un fond de
boucles, de perles et de feuilles d'eau, la dépouille
d'un lion, fixée à des anneaux. Tablette à crossettes
en marbre blanc.

Haut., 86 cent.; long., 86 cent.; prof., 46 cent.

120 — **Deux consoles** Louis XVI, demi-circulaires, en bois
sculpté et doré d'un charmant modèle à guirlandes
détachées, avec l'arc de l'Amour fixé par des rubans
au-dessous de la ceinture, qui est décorée de postes
et porte sur quatre pieds en forme de carquois, reliés
par des croisillons supportant un motif de fleurs et
guirlandes. Dessus en marbre.

Haut., 78 cent.; long., 88 cent.; prof., 53 cent.

121 — **Console** du temps de Louis XVI, cintrée et peu
profonde, en bois sculpté et doré. La ceinture est
décorée d'une boucle fleuronnée avec perle au-dessus
et feuille d'eau au-dessous. Elle est supportée par deux
pieds cannelés à tigettes en haut et feuillages en bas.
Tablette en marbre bleu turquin.

Haut., 82 cent.; larg., 90 cent.; prof., 31 cent.

122 — **Petite console** du temps de Louis XVI, en bois
sculpté et peint en blanc. La ceinture de forme contournée est ornée d'un rang d'anneaux entrecroisés et
découpés à jour; au milieu de la face s'évase une
feuille d'acanthe ; deux têtes de béliers sont placées
aux angles, au-dessus des deux pieds contournés car-

rément en grecques et reliés à leurs bases par un motif composé d'une aiguière, d'un bassin et d'une branche de laurier. Tablette de marbre bleu turquin.

Haut., 76 cent.; larg., 73 cent.; prof., 38 cent.

123 — **Deux petites consoles-appliques** de l'époque Louis XVI, demi-circulaires, et à bandeau décoré d'un tore de laurier, s'appuyant sur un seul pied à volutes, acanthes et cordon de perles; les ornements sont dorés et le fond est peint en blanc. Tablettes en marbre blanc.

Haut., 84 cent.; larg., 69 cent.

124 — **Console Louis XVI**, demi-lune, peinte en blanc et rehaussée de dorure. Le bandeau, à rubans, touffes de feuilles et entrelacs, porte sur trois pieds contournés à têtes de béliers et feuilles d'acanthes. Tablette en marbre rouge veiné de blanc.

Haut., 87 cent.; long., 75 cent.; prof., 38 cent.

125 — **Console** de forme Louis XV, en bois sculpté et doré à décor de guirlandes et de rinceaux ajourés ; elle est supportée par deux pieds, reliés par une traverse que surmonte une palme entourée de fleurs. Tablette en marbre.

Long., 96 cent.

126 — **Table rectangulaire** à pieds cannelés, en bois sculpté peint blanc et bleu, de l'époque Louis XVI. Le bandeau est décoré de draperies en festons avec, au milieu des deux grands côtés, une partie en ressaut montrant une lyre et des branches de chêne. Tablette à crossettes, bordée de moulures en marbre griotte.

Long., 1 m. 40 cent.; larg., 75 cent.

127 — **Table** rectangulaire en bois sculpté et doré, à pieds cannelés et bandeau décoré de rinceaux et de perles, époque Louis XVI ; elle a été transformée en jardinière.

Long., 1 m. 30 cent.; larg., 62 cent.

128 — **Petite table** Louis XV, en bois sculpté et doré, à pieds de biche et ceinture ajourée. Dessus en marbre fleur de pêcher.

Haut., 75 cent.; long., 77 cent.; larg., 54 cent.

129 — **Glace** dans un trumeau Louis XV, en bois sculpté et peint gris à branches de palmiers entrelacées de fleurs formant encadrement ; une corbeille do fleurs décore le fronton.

Haut., 2 m. 22 cent.; larg., 1 m. 19 cent.

130 — **Glace** en deux parties, dans un large encadrement du temps de Louis XVI, à profil plat ; moulures à oves, pirouettes, rubans, listels et feuilles d'eau sculptés et dorés, avec plate-bande d'entredeux peinte blanc. Comme couronnement, un cartouche, entre deux rinceaux symétriques.

Haut., 2 m. 35 cent.; larg., 1 m. 40 cent.

131 — **Glace** dans un encadrement en bois sculpté à rinceaux mouvementés, feuillages et rocailles dorés, ressortant en relief sur un fond uni peint vert d'eau. Pour couronnement, un cartouche : le carquois et la torche de l'Amour, des palmes et des festons de fleurettes. Époque Louis XV.

Haut., 1 m. 85 cent.; larg., 1 m. 10 cent.

132 — **Glace** en deux parties, dans un encadrement en bois sculpté et doré du temps de la Régence, à moulures, rocailles et festons de feuillages se détachant sur un fond de glace étamée.

Haut., 1 m. 80 cent.; larg., 1 m. 20 cent.

133 — **Glace** du xviie siècle, à cadre de bois sculpté et doré, orné aux angles de grosses feuilles entremêlées de fleurs. Elle est surmontée d'un couronnement formé d'acanthes découpées à jour, parmi lesquelles se jouent quatre figurines d'enfants caractérisant les Saisons.

Haut., 1 m. 88 cent.; larg., 98 cent.

134 — **Glace** biseautée, dans un encadrement de noyer sculpté et ajouré formé d'une guirlande de fleurs. Elle est surmontée d'un cartouche peint et armorié, ayant deux lions pour supports. Style Louis XIII.

Haut., 1 m. 42 cent.; larg., 98 cent.

135 — **Thermomètre** dans un cadre de bois de poirier très finement sculpté, de l'époque Louis XVI. L'ouverture, surmontée d'une console portant une corbeille de fleurs, est encadrée de deux pilastres cannelés supportant une corniche cintrée, à moulures d'oves et rais de cœur. La base du cadre, en cul-de-lampe, offre un cartouche uni entre deux belles feuilles d'acanthe, des fleurs et des rinceaux.

Haut., 44 cent.; larg., 18 cent.

(Collection de M. le comte de la Béraudière.)

136-137 — **Baromètre et pendule** en bois sculpté, peint

blanc et noir et doré, d'un gracieux modèle Louis XVI :
tore de laurier entourant la lunette ; groupes d'enfants
au-dessus du cadran ; couronnement formé de rubans.

Haut., 92 cent.

138 — **Lit de milieu** en bois sculpté et peint blanc, de
l'époque Louis XVI ; il est cantonné de piliers carrés,
à cordons de perles, surmontés de pommes de pin.
Les panneaux des extrémités sont décorés de médaillons ovales : emblèmes de l'Amour, vases de fruits et
rosaces fleuronnées ; ils sont arrondis par le haut et
bordés de moulures à tore de chêne et feuilles d'eau.
Les traverses sont creusées de canaux et ornées de
quartefeuilles.

Haut., 1 m. 36 cent.; larg., 1 m. 40 cent.; long., 2 m. 5 cent.

139 — **Écran** en bois de noyer sculpté du temps de la
Régence, d'un dessin fort élégant composé de coquilles,
de rocailles, de rinceaux et de parties quadrillées. La
monture s'appuie sur patins à volutes ; feuille en soie
du temps, fond jaune tissé d'or, décorée d'applications
de velours vert et de soutaches.

Haut., 1 m. 10 cent.; larg., 76 cent.

140 — **Deux fûts de colonnes** cannelées, en bois peint blanc,
décorées sur la face d'attributs guerriers et de lions
héraldiques en relief et dorés. xviii° siècle.

Haut., 1 m. 30 cent.

141 — **Petit buffet d'entredeux**, ventru et contourné, en
bois sculpté et peint blanc, à têtes de satyres en manière
de chutes et fermant à une seule porte décorée d'une

peinture : groupe d'amours, dans le goût de Boucher.
Dessus en marbre brèche violette.

Haut., 77 cent.; larg., 68 cent.

142 — **Petit modèle de** lit en bois de noyer sculpté, de
l'époque Louis XVI, cantonné de colonnes cannelées
surmontées de graines et décoré de perles, de canaux,
d'entrelacs et de feuillages.

Long., 40 cent.; larg., 22 cent.

143 — **Petit modèle d'armoire** à deux portes, décorée de
moulures et surmontée d'une corniche; elle est garnie
de ferrures. Époque Louis XV.

Haut., 39 cent.; larg., 29 cent.

144 — **Petit modèle de vitrine** demi-circulaire, en hauteur,
reposant sur une console, bois sculpté à ornements en
relief et dorés sur fond peint en vert. Charmante ornementation de style Louis XVI.

Haut., 43 cent.; long., 25 cent.

145 — **Grand cadre** en bois sculpté et doré du xviiie siècle;
il est surmonté d'une couronne, avec panaches.

MEUBLES PLAQUÉS ET MARQUETÉS

146 — **Charmant petit bureau** de forme contournée et à
pieds cambrés, en bois rose, de l'époque Louis XV,
sobrement enrichi de quelques cuivres dorés : chutes
à masques fauniens et sabots à feuillages élevés sur

des roulettes. Une moulure de cuivre épouse les contours de la tablette qu'elle dépasse légèrement en manière de galerie.

Un mécanisme fait mouvoir cette tablette qui recule horizontalement en glissant sur des rainures, tandis qu'au contraire le bandeau de la face vient en avant, découvrant deux casiers à couvercles situés à droite et à gauche d'un cadre qui se relève. Dans ce cadre, une planchette, laquée noir et or d'un côté et tendue de soie verte de l'autre, évolue sur pivots, formant à volonté liseuse ou pupitre à écrire. Le casier de droite contient une écritoire; tout l'intérieur est de bois rose.

Meuble très remarquable pour la grâce du dessin et le travail soigné de l'ébénisterie. Il porte les initiales suivantes, séparées par des astérisques : R * V * L * C.

Haut., 70 cent.; long., 85 cent.; larg., 45 cent.

147 — **Jolie table-toilette** de forme contournée et à tiroir latéral en bois rose. Époque Louis XV. Le dessus, à pupitre entre deux casiers couverts, est mobile et forme une petite table à pieds courts, dite table d'accouchée; il est décoré de branchages en marqueterie de bois de bout.

Haut., 75 cent.; long., 65 cent.; larg., 38 cent.

148 — **Belle table-toilette**, réniforme, sur pieds contournés, de l'époque Louis XV, décorée de compartiments à bouquets, en marqueterie de bois de bout foncés, sur fonds de bois rose. L'entourage de ces compartiments est en palissandre.

Haut., 73 cent.; long., 97 cent.; larg., 56 cent.

149 — **Entredeux-bureau** de forme contournée et à angles en ressaut, élevé sur quatre pieds arqués, en marqueterie de bois de rose disposée en fougères. Il est enrichi de chutes, d'appliques et de sabots en cuivre dorés. Le dessus en marbre brèche d'Alep est bordé d'une moulure de bronze formant galerie. Deux portes à coulisseaux, sur la face, découvrent un cabinet dont le tiroir inférieur forme pupitre et bureau.

Meuble de forme élégante. Époque Louis XV.

Haut., 98 cent.; long., 82 cent.; larg., 40 cent.

150 — **Grand bureau** plat, à trois tiroirs et à pourtour contourné, en bois satiné et en bois violette, enrichi de cuivres rocaille; poignées, chutes, sabots, etc. Dessus couvert en basane et bordé d'un quart de rond en cuivre, avec appliques rapportées aux quatre coins. Il est signé : *L. Boudin, M E*. Époque Louis XV.

Long., 1 m. 56 cent.; larg., 82 cent.

151 — **Petit bureau-cabinet**, de forme Louis XV, et à pieds légèrement arqués, en marqueterie de bois satiné garni de cuivres rocaille : poignées, sabots, entrées et rebord. Il ouvre à deux portes pleines, avec tiroirs dessus et dessous; celui du haut forme bureau et renferme l'écritoire.

Haut., 81 cent.; long., 54 cent.; prof., 33 cent.

152 — **Petit bureau** rectangulaire à pieds cannelés, en acajou enrichi de listels perlés et de feuillages-appliques en bronze. Le dessus, laqué dans le goût chinois, à figures et kiosques en relief, est bordé d'une galerie de cuivre

ainsi que la tablette d'entrejambes. Il est signé :
N. Petit. Époque Louis XVI.

Haut., 77 cent.; long., 65 cent.; larg., 41 cent.

153 — **Petit bureau** à cylindre sur pieds légèrement cambrés, en bois rose et marqueterie de bois clairs figurant des carrelages, des filets entrecroisés, des bouquets de roses et les emblèmes de l'Amour. Époque Louis XV.

Haut., 95 cent.; long., 81 cent.; larg., 47 cent.

154 — **Beau secrétaire** droit et à angles arrondis, en bois d'acajou, enrichi de moulures, de rosaces, d'entrées, en bronze ciselé et doré. Il a un tiroir dans le haut, un abattant au-dessous et, dans la partie inférieure, il ouvre à deux portes pleines. Tablette en marbre bleu turquin. Ce meuble porte la signature de : *Moreau M E.*

Haut., 1 m. 30 cent.; long., 78 cent.; prof., 38 cent.

155 — **Chiffonnier** du temps de Louis XV, de forme contournée, supporté par quatre pieds cambrés, en marqueterie de bois à branches de fleurs sur fond plaqué de bois rose et de bois violette; chutes, sabots, et entrées en cuivre. Tablette bordée d'un quart de rond en marbre sarancolin.

Haut., 1 m. 5 cent.; long., 82 cent.; prof., 51 cent.

156 — **Jolie commode** du temps de Louis XV, de forme contournée et à deux tiroirs, laquée dans le goût chinois, à décor de fleurs et d'oiseaux en couleurs et dorure sur champ noir. Elle est enrichie de beaux cuivres ciselés et dorés, tels que chutes à rinceaux et

rocailles, entrées, poignées de tirage, sabots, et porte
la signature : *Dubois*. Dessus en marbre sarancolin,
bordé d'un quart de rond.

Haut., 90 cent.; long., 1 m. 23 cent.; larg., 58 cent.

157 — **Petite commode** Louis XV, à face ventrue et côtés
droits, à deux tiroirs, décorée de branches de feuilles
en marqueterie de bois foncés sur bois rose. Poignées et
sabots eń cuivre. Tablette de marbre bordée de moulures et d'un quart de rond. Époque Louis XV.

Haut., 83 cent.; larg., 67 cent.; prof., 44 cent.

158 — **Commode** droite à deux tiroirs, à face légèrement
cintrée, de l'époque Louis XVI, en bois rose incrusté
de filets d'amarante; elle est décorée sur la face d'un
cadre ovale à rubans et branches de laurier, d'anneaux
de tirage, de fleurons et d'une moulure de baguettes
liées par des rubans en bronze ciselé et doré. Les pieds
carrés sont ornés de moulures de cuivre. Tablette de
marbre rance, bordée de moulure. Elle est signée :
Saunier.

Haut., 90 cent.; long., 1 m. 18 cent.

159 — **Commode**, demi-lune, de l'époque Louis XVI, à
tiroirs sur la face et portes sur les côtés, en bois
d'acajou, enrichie de cuivres; boucles fleuronnées
appliquées sur le tiroir supérieur, gaines à guirlandes
en haut des montants, entrées de serrure, anneaux de
tirage et moulures d'encadrement.

Tablette de marbre blanc.

Haut., 92 ce^t ; larg., 1 m. 15 cent.; prof., 56 cent.

160 — **Commode** droite, à trois tiroirs et angles arrondis et cannelés, en acajou garnie de cuivres : cordons de perles, entrées en forme d'écussons et poignées de tirage figurées par des draperies ornées d'un bouquet de fleurs. Dessus en marbre blanc. Époque Louis XVI.

Haut., 90 cent.; long., 1 m. 30 cent.; larg., 62 cent.

161 — **Commode** Régence en palissandre et bois violette, à trois rangs de tiroirs encadrés d'une bordure de chevrons en marqueterie de citronnier. Elle est enrichie de bronzes : chutes à têtes de femmes, sabots, entrées et poignées de tirage. Tablette de marbre bordée d'un quart de rond. Ce meuble porte les initales *F. G.*

Haut., 85 cent.; long., 1 m. 3 cent.; prof., 62 cent.

162 — **Console**, ou commode à un seul tiroir et à quatre pieds contournés, en bois satiné, enrichie de cuivres dorés à rocailles et feuillages : chutes, sabots, entrées. Tablette en marbre. Époque Louis XV.

Long., 95 cent.

163 — **Grosse commode** ventrue en palissandre, enrichie de cuivres, poignées, chutes, sabots, entrées. Tablette en marbre. Époque Louis XIV.

Long., 1 m. 35 cent.

164 — **Bureau plat** de l'époque Louis XIV, en ébène et marqueterie de cuivre, à tiroirs et porte sur la face ; il est supporté par huit pieds carrés, reliés par une entretoise.

Long., 1 m. 15 cent.; larg., 68 cent.

165 — **Bureau** en marqueterie de cuivre et d'écaille, style Louis XIV, supporté par huit pieds carrés, reliés par des croisillons.

Long., 1 m. 15 cent.; larg., 67 cent.

166 à 168 — **Trois belles consoles** d'entredeux, rectangulaires, et à fond plein avec, sur la face, un montant et deux piliers carrés supportant deux arcades, en marqueterie de cuivre, d'écaille et d'étain dans le style de Boule. Ces meubles sont enrichis de bronzes ciselés et dorés, tels que mascaron médian, triglyphes, têtes de béliers, écoinçons. Tablettes en marbre rouge et vert veiné de blanc, bordées d'un quart de rond.

Haut., 1 m. 15 cent.; long., 95 cent.; prof., 51 cent.

169 — **Coffret** rectangulaire en marqueterie de Boule, cuivre, étain et écaille.

Long., 16 cent. 1/2 ; larg., 12 cent. 1/2.

170 — **Socle** ovale Louis XIV, en palissandre garni de cuivres, feuillages, volutes et palmes. Il a été transformé en jardinière.

Grand diamètre, 70 cent.

171 — **Petite table** à ouvrage Louis XV, de forme ovale et à pieds arqués, en palissandre et marqueterie de bois rose. Le dessus est bordé d'une galerie de cuivre.

Grand diamètre, 40 cent.

172 — **Petite vitrine** en hauteur, de forme Louis XV, en bois rose. L'intérieur revêtu de soie bleue.

173 — Cabinet et sa table-support en noyer et marqueterie de bois clairs : gerbes et festons de fleurs. Il
ferme à deux portes pleines recouvrant quatre rangs
de tiroirs. Travail hollandais.

174 — Cabinet italien en bois d'ébène, décoré de jolies
incrustations d'ivoire.

175 — Médaillier en forme de chiffonnier, en bois d'acajou,
style Louis XVI. Le tiroir supérieur forme vitrine.

Haut., 1 m. 10 cent.; long., 92 cent.

SIÈGES

176 — Trois très belles chaises de l'époque Louis XV, en
bois sculpté, de forme gracieuse et d'une ornementation délicate et d'un goût exquis. Les dossiers, arrondis
par le haut et cintrés du bas, sont enrichis d'une guirlande de culots d'acanthes combinée avec un entrelacs
de petites feuilles. Une branche de fleurettes sculptée
et fouillée à jour en forme le couronnement ; ils
portent sur deux montants enlacés de lauriers ; la ceinture du siège est ornée d'un cordon de perles, d'un
rang de fleurs inscrites dans un entrelacs de rubans
orlés de perlettes et d'un tortil d'acanthes. Les pieds,
très élégants, sont creusés de cannelures en spirale
s'échappant d'une touffe de grosses feuilles en envelop-
pant la partie supérieure. Les garnitures du dossier et
des sièges, montées sur châssis mobiles, sont encore

celles du temps, en soie blanche brochée de bouquets et d'encadrements de rocailles en couleurs.

Ces trois sièges qui portent la signature : D. DELANOIS, sont classés avec juste raison parmi les plus beaux modèles du genre; ils ont figuré à l'Exposition rétrospective du Trocadéro en 1889.

Haut., 1 mètre.

177 — Trois chaises, analogues aux précédentes, de même époque et portant aussi la signature : *Delanois.* L'ornementation du dossier consiste en un tore de laurier entortillé de rubans; celle de la ceinture en canaux et tigettes de marguerites; les pieds à cannelures verticales sont surmontés d'un renflement orné d'une boucle perlée. La garniture des sièges et dossiers, en même soie que celle des chaises qui précèdent, indique que ces six chaises proviennent d'un même ameublement.

Haut., 97 cent.

178 — Beau canapé de la fin du xviiie siècle, à dossier carré, pieds cannelés et accoudoirs légèrement ouverts, en bois d'acajou sculpté à perles et moulures. La ceinture est ornée d'une bande d'entrelacs, coupée par des rosaces, au-dessus des pieds. Les montants du dossier sont surmontés de vases. Ce meuble, qui est recouvert de soie Louis XVI, rayée blanc et rose et brochée de fleurs en couleurs, est attribué à *Jacob.*

Long., 1 m. 60 cent.

179 — Petite banquette Louis XVI, en bois sculpté et doré, à joues renversées et à volutes, à ceinture creusée de canaux avec petit compartiment médian en ressaut, représentant un vase enguirlandé ; elle est recouverte d'étoffe du temps en soie brochée à fleurs et à raies roses sur fond crème.

Long., 1 m. 25 cent.

180 — **Petit lit de repos** Louis XVI, en bois sculpté, à ornements dorés sur fond peint blanc. Le panneau de tête et celui de pied, ce dernier moins élevé, flanqués de colonnettes cannelées, présentent extérieurement et intérieurement des médaillons variés de forme, encadrés de tortils de rubans et cantonnés de branches de laurier. Les traverses sont creusées de canaux et supportées par huit pieds. L'ouverture des médaillons est occupée par des coussins tendus de soie brochée du temps, à rayures bleues et blanches.

Long., 1 m. 60 cent.; larg., 66 cent.

181 — **Sopha** Louis XVI en noyer sculpté, à accoudoirs obliques et renversés, décoré d'acanthes, de boucles et de grappes; il est recouvert de soie brochée à raies, festons et bouquets en couleurs.

Long., 1 m. 80 cent.

182 — **Meuble de salon** Louis XVI en bois sculpté et peint gris, à montants et pieds cannelés et traverses de dossiers à godrons, entre des panaches, recouvert en tapisserie d'Aubusson du temps, à bouquets de fleurs sur fond blanc, en des compartiments encadrés de guirlandes avec entourage à fond bleu : un canapé et quatre fauteuils.

Haut., 1 mètre.
Longueur du canapé, 1 m. 75 cent.

183 — **Bergère** du temps de Louis XVI en bois sculpté et peint blanc, modèle à perles, rubans entortillés, cannelures et acanthes ; ce siège est garni de soie Louis XVI, moirée, rayée blanc et bleu et brochée de festons de fleurs en couleurs.

Haut., 94 cent.

184 — **Bergère et deux fauteuils** du temps de Louis XVI, en bois sculpté et doré ; dossiers octogones à boucles fleuronnés et supports enveloppés d'acanthes ; ceinture d'une ornementation analogue, pieds cannelés en spirale. Ces trois sièges sont recouverts en taffetas du temps, à fleurettes brochées en couleurs sur fond blanc à raies damassées. Signés *S. Brizard*.

Haut., 1 mètre et 95 cent.

185 — **Trois fauteuils** du temps de Louis XV, de forme contournée à rocailles et fleurettes, en bois sculpté et doré, avec garniture à châssis, en soie du temps, à bouquets brochés en couleurs sur fond vert d'eau.

Haut., 1 mètre.

186 — **Marquise** Louis XVI en bois sculpté et doré, à perles et rubans avec bouquet de fleurs comme couronnement du dossier. Le siège est garni en bergère à joues et coussin, recouverts en soie du temps, blanche moirée et rayée de rose et de blanc satiné, avec bouquets brochés en couleurs.

Haut., 89 cent.; larg., 95 cent.

187 — **Deux fauteuils** Louis XVI à médaillons en bois sculpté et doré, à cours de laurier et de perles au

dossier et à la ceinture, couverts en soie du temps, à semé de fleurettes brochées en couleurs sur fond crème. Ils sont signés *J. B. Lelarge*.

Haut., 98 cent.

188 — **Deux fauteuils** Louis XVI, cintrés à perles et rubans en bois sculpté et doré, couverts d'une soie du temps, à rayures blanc crème et bleu lumière. Ils sont signés *Séné*.

Haut., 96 cent.

189 — **Quatre fauteuils** Louis XVI en bois sculpté et doré, à dossiers carrés et cintrés du haut à cours de rubans et perles, couverts en soie du temps à rayures roses et festons en couleurs sur fond crème. Ils sont signés *Jacob*.

190 — **Deux fauteuils** Louis XVI, à dossiers carrés, flanqués de colonnes détachées, en bois sculpté et doré, à feuilles de chêne et de laurier entremêlées au dossier, et à ceinture cannelée avec motif central formé d'un bouquet. Ils sont couverts en soie du temps rayures roses et fleurettes en couleurs.

Haut., 84 cent.

191 — **Bergère** Louis XV, en bois sculpté et peint en gris à cordons de perles ; la traverse supérieure du dossier légèrement cintrée. Elle est couverte en soie du temps, rayée blanc et jaune d'or à festons de fleurettes. Ce siège est signé *V. F.*

Haut., 94 cent,

192 — Fauteuil Louis XVI, peint en gris et de même forme que la bergère qui précède. Signé aussi *V. F.*

Haut., 88 cent.

193 — Deux fauteuils en bois naturel, l'un du temps de Louis XV, l'autre de style à moulures de baguettes en faisceau liées par des rubans ; le dessin est couronné d'une fleur ; ils sont couverts en soie crème du temps, à rubans ondulés, fleurs et pois brochés cerise.

Haut., 98 cent.

194 — Fauteuil à dossier carré et décoré de rais de cœur et de culots en bois sculpté et doré ; couvert en soie du temps, à rayures blanc et azur avec fleurettes. Il est signé *J. B. Boulard.*

Haut., 87 cent.

195 — Bergère carrée Louis XVI, en bois sculpté et doré, à décor de pirouettes et d'entrelacs et à ceinture cannelée, couverte en soie du temps, à rayures roses et blanches avec fleurettes en feston.

Haut., 95 cent.

196 — Fauteuil Louis XV en bois sculpté et doré, à colonnes détachées et cours de pirouettes, de culots et de perles ; manchettes cannelées, ornées d'acanthe sertie d'un ornement en cordelière. Il est couvert en soie du temps, rayé bleu de ciel et rose tendre avec fleurettes et festons brochés en couleurs.

Haut., 98 cent.

197 — Fauteuil Louis XVI à dossier carré, en bois sculpté et doré, à feuilles de laurier ; supports des accoudoirs en forme de balustre, etc. Il est couvert en soie du temps, rayée blanc et cerise et à festons de fleurettes en couleurs.

198 — **Fauteuil** Louis XV en noyer sculpté, à fleurettes, rocailles et feuilles en relief, recouvert en lampas du temps, à corbeilles, bouquets et kiosques brochés en couleurs sur fond rouge feu strié.

Haut., 1 mètre.

199 — **Fauteuil** Louis XV en bois mouluré et doré, à contours mouvementés, recouvert en lampas du temps, à fleurs brochées en couleurs sur fond bleu. Signée : *I. B. Mevnier.*

Haut., 83 cent.

200 — **Fauteuil** en noyer, bois nature du temps de Louis XV, de forme contournée, à dossier surmonté d'une fleur entre deux forts rinceaux ; il est recouvert de soie rose brillant, à dessin broché, ton sur ton.

Haut., 90 cent.

201 — **Fauteuil** Louis XVI à dossier carré, en bois doré ; les montants surmontés de petites pommes côtelés ; il est recouvert en étoffe de soie du temps, rayée rose et blanc et brochée à fleurs.

Haut., 92 cent.

202 — **Fauteuil** Louis XV, de forme contournée, en noyer sculpté, à motifs de rocailles et de feuilles. Il est garni de jonc. Signé *Cresson L'aîné.*

Haut., 97 cent.

203 — Deux chaises de même époque et d'ornementation analogue ; elles sont aussi foncées de canne, et signées *L. Cresson.*

Haut., 95 cent.

204 — Chaise en noyer sculpté du temps de la Régence, à décor de coquilles et de feuilles en relief ; elle est garnie de soie ancienne à fleurs brochées en couleurs sur fond blanc.

Haut., 88 cent.

205 — Chaise de la Régence en noyer sculpté à coquilles, feuilles et rinceaux en relief ; elle est garnie en soie Louis XV à gros bouquets brochés en couleurs sur fond blanc.

206 — Deux chaises du temps de Louis XVI, en bois sculpté et peint gris, modèle à perles, feuilles d'eau et godrons, pieds cannelés, et montants de dossiers formés de colonnettes surmontées de graines. Elles sont couvertes en cretonne à dessin blanc sur fond bleu.

Haut., 90 cent.

207 — Fauteuil de l'époque Louis XVI, à dossier cintré, orné de godrons et accoudoirs en console ; couvert en soie du temps.

208 — Deux petits fauteuils Louis XVI, à colonnes détachées en bois sculpté et peint gris.

209 — Deux chaises en acajou de la fin du xviiiᵉ siècle, signées de *Jacob*, à dossiers rectangulaires simulant un treillis; les sièges sont garnies de jonc.

Haut., 88 cent.

210 — **Chaise** de la fin du xviiie siècle, en acajou, pieds et montants formés de colonnettes cannelées, dossier rectangulaire simulant un trépied à l'antique; elle est couverte de satin du temps, rayé bleu et blanc,

211 — **Fauteuil** d'enfant à dossier ovale fait d'entrelacs ajourés avec coussin au centre; bois naturel, pieds et montants cannelés ; il est couvert en satin crème rayé à festons de fleurettes brochés en couleurs. Époque Louis XVI.

Haut., 80 cent.

212 — **Quatre jolies chaises** en noyer sculpté, au ton de bois, toutes quatre de même forme mais d'ornementation variée dans les détails. Les dossiers à traverses supérieures cintrées sont en forme de lyres reposant sur des supports à têtes de béliers. Les pieds sont carrés et cannelés. Elles sont couvertes en étoffe du temps. Fin du xviiie siècle.

Haut., 92 cent.

213 — **Petit canapé** à dossier ovale en bois doré, style Louis XVI, recouvert en tapisserie japonaise en soie de couleurs à décor de dragons.

Long., 1 m. 25 cent.

214 — **Autre petit canapé** en bois doré aussi couvert en tapisserie de soie du Japon.

215 — **Deux petits fauteuils** du temps de Louis XVI, dossiers à médaillons surmontés de couronnes, modèles. à boucles et feuilles d'acanthes ; ils sont recouverts en tapisserie au point.

216 — **Bois de tabouret** doré à fleurs et rinceaux sculptés. Époque Louis XV.

217 — **Tabouret** carré Louis XVI, en bois doré, à pieds cannelés, couvert d'ancien lampas broché à fleurs.

218 — **Tabouret** Louis XV, en bois sculpté noir et or, recouvert de lampas du temps, broché à fleurs.

219 — **Tabouret** carré Louis XV, en bois doré, recouvert en broderie de soies à fleurs sur fond crème.

BRODERIES, SOIERIES

220 — **Beau bandeau** de satin blanc très finement brodé, au passé, en soies de couleurs et fils d'argent. Il offre au centre un bouquet de fleurs dans un vase à ceinture, enrichie de verroteries serties d'argent ; ce vase est surmonté d'un lambrequin à glands ; tout autour sont répartis des oiseaux et des papillons encadrés de gracieux rinceaux et de festons. Pièce remarquable de l'époque Louis XIV et d'une parfaite conservation.

Haut., 80 cent.; larg., 2 mètres.

221 — **Bandeau** du temps de Louis XIII, à dessin de grosses fleurs et d'oiseaux brodés en soies de couleurs sur fond blanc.

222 — **Petit tapis** du xviiie siècle en soie bleue, à joli décor de figures allégoriques, de fleurs et de rinceaux brodés en soies et en argent.

223 — **Parement d'autel** en soie blanche, à riche décor de gerbes de fleurs en broderies de soies d'or et d'argent. xviie siècle.

224 — **Belle jupe** de satin héliotrope, couverte de festons de fleurs en broderie de soies de couleurs.

225 — **Deux lés** de trois mètres de haut et un bandeau de satin gris perle à semé de bouquets brodés en soies de couleurs. Époque Louis XVI.

226 — **Tapis de table**, en soie rose moirée ornée de deux jolies bandes de broderies, et entouré de dentelles d'or et d'argent.

227 — **Petit tapis** composé de trois bandes en point de Hongrie et de deux bandes en soie marron brochée en couleurs et or.

228 — **Deux beaux panneaux** en satin crème de Chine brodé de fleurs arabesques en soies de couleurs, avec, au centre, une rosace figurée par deux fongs-hoangs.

229 — **Grand couvre-lit** en satin vert de Chine décoré de belles broderies de soies multicolores, à décor de fleurs arabesques et d'oiseaux, avec rosace centrale ; il est bordé d'une frange de soie verte à grille.

230 — Grand couvre-lit en satin vert clair de la Chine, à riche décor de fleurs et de papillons brodés en soies multicolores avec, au centre, une corbeille de fleurs.

231 — Grande robe japonaise en satin bleu pâle, enrichi de belles broderies de soies de couleurs et d'or, figurant des boîtes à cordelières, des coquilles, etc.; elle est doublée de crêpe rouge.

232 — Portière et bandeau japonais, fond ponceau, brochés de fleurs de couleurs et de nuages tissés or et enrichis d'armoiries brodées et rapportées.

233 — Coussin japonais de satin bleu, à décor de tortues en broderies d'or.

234 — Coussin japonais de satin bleu, à décor de figures brodées en soies de couleurs et fils dorés.

235 — Petit tapis oriental à décor de fleurs et de palmes en couleurs brodées sur satin blanc.

236 — Tapis oriental en soie bleue, à rosace centrale et décor de fleurs arabesques brodées en soies de couleur et en fils d'or et d'argent.

237 — Tapis oriental de satin jaune, à décor de palmes brodées en couleurs.

238 — Dessus de guéridon en broderie de soies multicolores, au point de chaînette, sur mosaïque de draps de couleurs. Travail persan.

239 — Cinq carrés de broderies orientales au petit point, à bandes obliques, chargées d'ornements multicolores.

240 — Trois morceaux pour sièges, en tapisserie au point.

241 — Belle chasuble du xviiiᵉ siècle en brocart, fond violet.

242 — Quatre mètres quarante centimètres de beau velours de Gênes à dessin de fleurs en plusieurs couleurs **sur** fond blanc.

243 — Robe Louis XV, brochée à fleurs sur fond moiré.

244 — Jupe Louis XV, de satin broché à dessin bleu clair sur champ bleu foncé.

245 — Morceau de un mètre d'ancienne brocatelle italienne, blanc et rouge.

246 — Dessus de coussin d'ancien brocart or et argent, à dessin en relief.

247 — Portière en satin couleur tabac d'Espagne broché de fleurs et semé de fleurons tissés or et argent.

Haut., 2 m. 35 cent.

248 — Petit tapis Louis XV, en soie brochée en couleurs, et lamé or et argent sur fond réséda.

249 — Petit tapis Louis XV, à fleurs et bandes brochées en couleurs et lamé or sur fond rouge ; il est entouré d'une bande de soie bleue.

250 — **Petit tapis** brocart, du xviiᵉ siècle, à dessin blanc et or sur fond rouge.

251 — **Grand tapis** japonais en soie rouge brochée d'oiseaux en couleurs et lamés or, avec entourage en drap d'or.

TAPISSERIES

Tenture composée de quatre jolies tapisseries d'Aubusson, de l'époque Louis XV, représentant des médaillons ovales, sujets pastoraux, d'après *Boucher,* et des trophées d'attributs suspendus par des rubans, avec entourage de festons et de pentes de fleurs de toutes sortes, le tout ressortant sur un fond blanc.

252 — **Grand panneau** formé de deux médaillons : la Pêche et la Leçon de flageolet; d'une panoplie d'attributs de la Peinture, en entredeux; des emblèmes de l'Amour à droite, et des emblèmes de la Musique à gauche; au-dessous de chacun de ces trophées, sont suspendues des corbeilles fleuries. Des festons et des traînes de roses, de lilas et de fleurs variées forment encadrement.

Haut., 2 m. 70 cent.; larg., 5 m. 80 cent.

253 — **Panneau** composé de deux médaillons : la Balançoire et la Cueillette des fleurs, séparés par un tro-

phée d'attributs relatifs à la Poésie. Tout autour, des fleurs disposées comme dans la tapisserie qui précède.

Haut., 2 m. 70 cent.; larg., 3 m. 65 cent.

254 — **Panneau** étroit offrant un seul médaillon : Chasseur et Bergère, entre deux pentes d'attributs de la Musique. Encadrement de festons de fleurs,

Haut., 2 m. 62 cent.; larg., 2 m. 35 cent.

255 — **Panneau** étroit avec un seul médaillon : Chasseur et Bergère, entre deux trophées des emblèmes de l'Amour. Encadrement de festons de fleurs.

Haut., 2 m. 60 cent.; larg., 2 m. 35 cent.

256 — **Jolie tapisserie** de l'époque Louis XV : Paysage boisé, avec moulin à eau ; au premier plan, un pêcheur à la ligne offre un poisson à une bergère environnée de chèvres et de brebis. Bordure à oves et feuilles d'eau simulant un cadre doré enguirlandé de fleurs en couleurs.

Haut., 2 m. 80 cent.; larg., 3 m. 50 cent.

257 — **Tableau** en tapisserie de l'époque Louis XIV, d'après Lebrun, représentant Mlle de la Vallière en Madeleine.

Haut., 1 m. 2 cent.; larg., 86 cent.

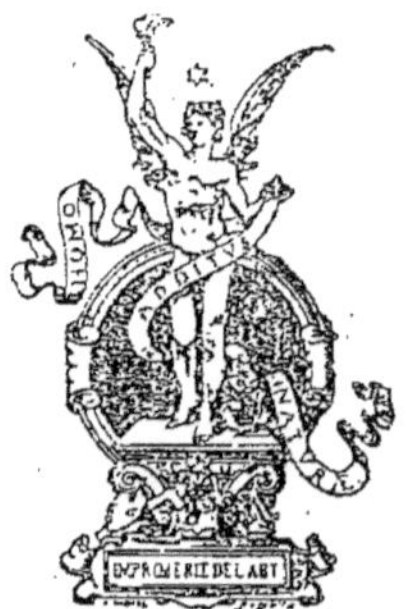

HOMO
IMPRIMERIE DE L'ART